培养儿童领导力

米诺 著

漫画版

延边大学出版社

图书在版编目（CIP）数据

培养儿童领导力：漫画版 / 米诺著． -- 延吉：延边大学出版社，2024.8. -- ISBN 978-7-230-07034-8

Ⅰ．C933-49

中国国家版本馆 CIP 数据核字第 2024J81B74 号

培养儿童领导力漫画版

著　　者：	米　诺
责任编辑：	刘　浩
策划编辑：	张国奎
封面设计：	许　涛
出版发行：	延边大学出版社
社　　址：	吉林省延吉市公园路 977 号
邮　　编：	133002
网　　址：	http://www.ydcbs.com
电　　话：	0433-2732435
传　　真：	0433-2732434
印　　刷：	三河市元兴印务有限公司
开　　本：	700mm×980mm 1/16
字　　数：	50 千字
印　　张：	7
版　　次：	2024 年 8 月第 1 版
印　　次：	2024 年 8 月第 1 次印刷
书　　号：	ISBN 978-7-230-07034-8
定　　价：	46.80 元

如发现质量问题，请与出版单位联系调换。电　话：0433-2732435

第一章 优秀的孩子应该具备领导力

◆ 领导力就是管别人的能力吗？/ 1
◆ 领导力是与生俱来的吗？/ 5
◆ 性格内向的人就不具备领导力吗？/ 9

第二章 学习力，学会持续成长的能力

◆ 怎么有那么多东西要背？/ 13
◆ 为什么我总犯同样的错？/ 17
◆ 遇到难题总想放弃怎么办？/ 21
◆ 总想先玩后写作业怎么办？/ 25

第三章 决策力，学会独立思考和自主决策

◆ 总是犹豫不决，不能决策怎么办？/ 29
◆ 避免在情绪不稳定时做决策 / 33
◆ 为什么不能轻易改变决策？/ 37
◆ 决策失误时，可以选择视而不见吗？/ 41

第四章 组织力，学会激励和带领他人

- ◆ 如何确保任务分配的合理性？/ 45
- ◆ 小组讨论时，成员都默不作声怎么办？/ 49
- ◆ 如何动员团队成员一起应对挑战？/ 53
- ◆ 怎样才能有效解决团队内部的矛盾？/ 57

第五章 沟通力，学会人际交往与合作

- ◆ 无法清晰地表达自己的观点怎么办？/ 61
- ◆ 怎样更有效地说服他人？/ 65
- ◆ 恰到好处的幽默 / 69
- ◆ 沟通不是"单箭头"/ 73

第六章 执行力，学会设定目标并坚决执行

- ◆ 机遇不会"从天而降"/ 77
- ◆ 为什么在行动前需要制定目标？/ 81
- ◆ 为什么无法控制完成任务的时间？/ 85
- ◆ 怎样保持高效？/ 89

第七章 包容力，学会接纳不同的声音

- ◆ 总觉得自己不够优秀 / 93
- ◆ 我为什么会产生偏见？/ 97
- ◆ 我总会不自觉地指责他人的过失 / 101
- ◆ 我总是不能坚持己见 / 105

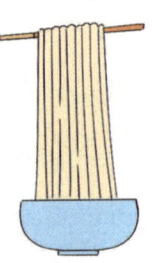

第一章　优秀的孩子应该具备领导力

领导力就是管别人的能力吗？

今天，筱筱当值日班长。她觉得自己是值日班长，全班同学都该服从自己的管理。

筱筱觉得当值日班长很神气，忍不住就想显示班长的威风，不时地出声训斥同学，这让同学们都很不服气。

筱筱和小宇越说越激动，两人的矛盾迅速激化。同学们也议论纷纷，班级秩序变得混乱起来，只好请老师来处理。

第二天，姚姚当值日班长。今天的自习课有点儿不一样。

看到有两位同学在讨论题目，姚姚走到他们身边，俯身，低声，温柔地提醒。

看到姚姚和同学们的相处方式，筱筱若有所思。

追根溯源

我做值日班长时，同学们不愿意配合，跟姚姚相比，可能是因为我身上缺乏一种影响力。她总是能以一种平和、友善的方式与同学相处，这能获得大家的信任和支持，她身上所散发的领导力正是我缺少的。领导力不是单纯的指挥和管控别人的能力，而是建立在相互理解和尊重基础上的影响力。

只安排任务，不给予鼓励和反馈。

要求队员服从命令，不在乎对方的努力。

只关注结果，忽视团队成员的感受。

成长桥

我明白,只有不断的学习与实践,才能逐步提升自己的领导力,更好的担任团队领导的角色。因此,我会通过自我约束引导同学们遵守班级规范,成为他们的榜样。其次,在与同学的交流中,我会用更温和的方式,确保他们得到尊重和理解。另外,我还会密切关注同学们给我的反馈,根据反馈不断改进和成长。

看到筱筱是值日班长,小宇不禁感到头疼。

筱筱主动收集同学们的意见,这让小宇不解。

听取同学们的建议后,筱筱组织了一场轻松的班级活动。

筱筱的转变赢得了同学们的认可,包括之前顶撞她的小宇。

领导力是与生俱来的吗？

乐乐和茗茗是住在同一小区的好朋友，在平时的玩耍中，茗茗总是能够让游戏充满乐趣。

在学校中，茗茗同样展现出了很强的领导能力。

乐乐认为茗茗的领导力是与生俱来的，自己无论怎么努力也达不到茗茗的水平。

在小组讨论中,茗茗认真倾听成员的意见并清晰表达自己的想法。

面对众多的课外活动,乐乐陷入了迷茫,而茗茗则迅速地做出了抉择。

一周结束了,茗茗的计划全都完成了,而乐乐只完成了几项。

经过仔细观察,乐乐终于发现了茗茗拥有领导力的"秘密"。

追根溯源

领导力并非与生俱来，是可以通过后天的学习和实践逐渐培养的能力。茗茗展现出的有效沟通、果断决策和强大执行力等领导特质，都是通过努力逐渐培养的。相比之下，我缺乏自信，在决策时经常犹豫不决，并且缺乏执行力。而且沉浸在对茗茗的羡慕之中，忽视了自我提升的重要性。

由于忽视了自我提升的重要性，在其他方面，我也会遇到类似的问题。

忽视持续学习对学习语言的重要性。

不能与同学正确沟通，常常引起误会与反感。

参与团队活动不积极，遇事犹豫不决。

成长桥

为了提升自己的领导力，我决定制定计划来增强自身的沟通、决策和执行等能力。在日常生活中，我会积极向茗茗和其他具备领导才能的同学学习，主动在团队活动中承担领导角色，并将所学知识加以实践。领导力的培养与提升是一个持续的过程，因此我将不断学习，持续提升自我。

乐乐下定决心要做出改变，他意识到作为体育委员，不仅要自己享受体育的乐趣，更要带领同学们一起感受运动的快乐。

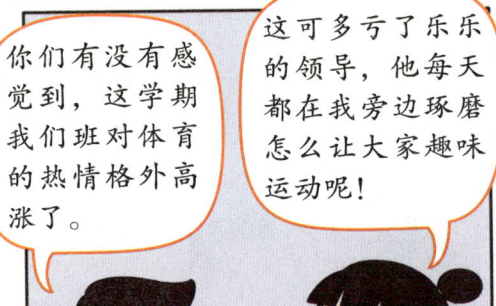

在期末的总结会上，大家对乐乐的领导赞不绝口。

性格内向的人就不具备领导力吗？

元旦将至，班级要举办元旦活动，老师正在安排活动相关事宜。

放学后，可可和朵朵留在教室里商量如何安排元旦活动。

尽管计划得到了朵朵的称赞，但性格内向的可可在分配任务时仍然不自信。

看到可可慌乱的样子，一些同学开始质疑老师的决定。

听到同学们的议论，可可不禁怀疑起了自己的能力。

关键时刻，朵朵走向讲台，接过可可的计划表向大家分配了任务。

在可可精妙的计划和朵朵周密的安排下，同学们井然有序地展开行动，元旦活动顺利举行。

追根溯源

过去，我认为只有性格外向的人才具备领导力，因此缺乏自信，常因担心自己的观点不被接受而选择沉默，但这容易使我和同伴因为缺乏沟通而产生误会。通过这次活动，我认识到领导力并不是由性格决定的。虽然我性格内向，缺乏自信，不善表达，但是我有很强的组织能力，这也是领导力的一种。

因为性格内向，我在其他方面，也会缺乏自信，不敢表达自我。

害怕交流，难以融入集体活动。

害怕表达观点，错失发言机会。

因为害羞沉默，被他人误解。

成长桥

为了成为一名出色的领导者,我首先要正视自己的性格,将"内向"视为我发挥领导力的一大优势。此外,我决定积极参与各种社交活动,主动与他人交流,以提升自己的沟通能力。最后,在组织活动时,充分发挥自己的组织能力,用每一次的成功来增强自信心。

重阳节快到了,班级组织参观敬老院,可可成为了活动负责人。

可可克服了恐惧,有条理地表达了她内心的想法。

第二章　学习力，学会持续成长的能力

怎么有那么多东西要背？

下节语文课上老师要抽查古诗背诵，阿睿打算在上课前再背诵一遍。

涵涵给阿睿传授了记忆方法，阿睿恍然大悟。

课间休息时，阿睿遇到了一道数学题，却怎么也想不起来应用公式。

今天这节美术课需要两人合作，阿睿和涵涵决定画一棵大树，但是，两人似乎遇到了麻烦。

涵涵用红、蓝、黄三种颜料，巧妙地调出了棕色。

阿睿和涵涵顺利完成了作品，这幅作品还被展示在了"美育墙"上。

追根溯源

我总认为背诵知识是一种负担,所以在知识积累方面存在不足。涵涵明白知识积累的重要性,连课外书上随意看到的知识也能主动记忆并应用,并且她还会运用不同的方法来提高记忆效率。而我因为厌倦背诵,缺乏对知识的积累,常常在实际应用时束手无措。

因为缺乏知识的积累,我在生活中也会遇到同样的困扰。

和家人走散时,不知所措。

不懂得基本的生活常识。

缺乏垃圾分类相关知识。

成长桥

我决心调整自己的学习态度,不再将背诵视为负担。我将学习各种记忆技巧,帮助自己提高记忆效率。另外,我会经常应用所学知识,加深自己对知识的理解与记忆。

阿睿根据书籍学习混色知识。

为什么我总犯同样的错？

今天，数学随堂测试的试卷发下来了。

西西的试卷上全对。

涛涛的结果则不如自己所想。

看到涛涛失望的样子，西西热心的帮他检查问题。

西西翻出自己的改错本。

涛涛翻出自己的改错本，他看着自己潦草的改错本，再对比西西认真的改错本，羞愧的低下了头。

涛涛感觉很惭愧，他结合自己的学习，认真的反思起来。

追根溯源

我认识到,在学习上,我经常犯同样错误的根本原因是学习态度不端正。西西的改错细致、有条理、逻辑清晰,而我的改错只是改正了答案,没有分析做错的具体原因,导致即使改了错题,后面碰到同类型的问题又会犯错的现象。

由于缺乏总结和反思,在生活中,我也会重复犯同样的错误。

经常忘记带学习用品。

丢三落四,找不到东西。

玩耍时经常受伤。

成长桥

只有改掉在学习和生活中重复犯错的毛病，才能提升能力。我决定从学习方法下手，制定学习计划，合理安排时间并按计划认真执行。其次要改好错题，充分分析错误原因，避免再犯。此外，在生活中，我也要学会定期反思，做到每日睡前反思一天的得失，思考如何改进。通过养成总结和反思的习惯，促进成长。

涛涛开始认真地整理错题本。

遇到难题总想放弃怎么办？

周末，洋洋和华华一起去攀岩。

洋洋发现攀岩并不像他想象的那般容易。

和洋洋一样，华华也感觉到了攀岩的艰难。

洋洋觉得手很痛,脚也开始打颤。

华华虽然也觉得很难,但他还想再尝试一下。

洋洋很快就放弃了。

经过不懈的努力,华华成功攀上了最高处。

追根溯源

我意识到，遇到困难不应轻言放弃，更不能选择逃避。我不但缺乏解决问题的恒心，而且缺乏寻求方法的勇气。华华在反复尝试中汲取经验，他的努力和恒心让我敬佩。他的行为让我学习到，不管是在生活中还是在学习中，自己努力解决困难是一件非常有成就感的事。

由于轻言放弃，缺乏恒心，不会寻求帮助，我在生活中也很怕困难。

找借口逃避体育活动。

把放弃归咎于缺乏天赋。

遇到难题不主动思考，直接放弃。

成长桥

我认识到，困难是成长的机会，我应当以积极的心态去面对，而绝非一味的逃避。每当遇到困难时，要鼓励自己多坚持一下，逐渐克服轻易放弃的习惯。当发觉自身能力有限时，也务必勇敢的向周围的人请求帮助。在取得微小的进步时，也要及时肯定自己，给予一定的鼓励和奖励，增强自己的自信心。

洋洋看着攀岩墙暗下决心。

这一次，洋洋并没有选择放弃。

反复试错后，洋洋决定寻求帮助。

总想先玩后写作业怎么办？

嘉嘉看着面前的作业，感到无比的烦闷。

窗外的欢声笑语让嘉嘉心猿意马，心中的"小恶魔"趁机诱惑。

在诱惑的驱使下，嘉嘉决定暂时放下作业，先出去玩。

嘉嘉想要叫上好朋友晨晨出来一起玩，但晨晨决定先完成作业。

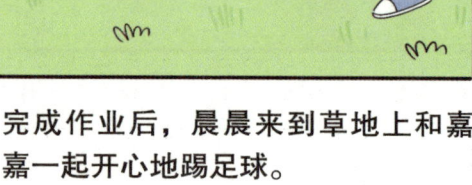

完成作业后，晨晨来到草地上和嘉嘉一起开心地踢足球。

嘉嘉玩得太投入了，完全忘记了作业的存在。

第二天，嘉嘉因为没有按时完成作业被老师批评了。

追根溯源

我意识到，我之所以难以抵挡外界的诱惑，是因为我缺乏良好的自我管理能力。晨晨能够明确作业的优先级，即使面对朋友的邀约，也能坚持自己的学习计划。而我，在面对玩耍的诱惑时，只想着追求短暂的满足，玩耍时也没有控制时间，导致最终未能按时完成作业，受到老师的批评。

由于缺乏自我管理能力，导致我在生活中的办事效率也很低。

难以保持专注，容易被外界刺激干扰。

做事没有规划，导致拖延。

缺乏时间观念。

成长桥

只有培养自我管理能力，才能有效抵御外界诱惑，提高办事效率。我开始学习时间管理技巧，用计划表来安排每日任务。同时，我用闹钟来提醒自己，确保在规定时间内完成既定任务。我还会寻求外部支持，让同伴或父母监督我的执行情况。完成任务后，我也会给予自己一些奖励，让自己更有动力。

嘉嘉开始制定学习计划。

耶！提前完成作业，是时候去享受我的快乐足球了！

第三章　决策力，学会独立思考和自主决策

总是犹豫不决，不能决策怎么办？

临近母亲节，佳佳和悦悦决定亲手制作母亲节礼物。

佳佳拿出几本手工制作图解书，两人围在一起讨论要制作什么礼物。

很快，悦悦就做出了选择，但佳佳还在一旁苦苦思索。

悦悦很快就行动起来，佳佳却还在纠结。

要不折个爱心吧，可是会不会太简单了？那就折个皇冠，但妈妈会不会觉得太幼稚了？……

啊？时间怎么过得这么快，可我还没选好要什么呢！！！

佳佳，你再不做，就来不及了。

悦悦的花已经初见雏形，而佳佳还未开始。

最终，佳佳选择了能快速制作的爱心。

妈妈，这是我给您做的母亲节礼物。对不起，都怪我太纠结了，明明可以做得更好看的……

妈妈很喜欢这份礼物，宝贝做得很棒！

第二天，佳佳将自己制作的礼物送给了妈妈。

追根溯源

无论在生活还是学习中，我们总会面临很多选择，如果总是缺乏自信，决策时不够果断，就会错失很多机会。悦悦非常了解妈妈的喜好，并且在选择礼物时自信、果断。而我，由于缺乏明确的目标，并且过于追求完美，导致在决策时犹豫不决，最终让自己后悔。

由于内心不够坚定，在生活里我也总是犹豫不决，患上了"选择困难症"。

面对多个喜欢的游乐项目，难以抉择。　　对自己的选择没有信心。

面对琳琅满目的美食，犹豫不决。

成长桥

只有改变做选择时犹豫不决的心态，才能在决策时更加果断。当面临多个选择而无法做出判断时，我尝试分析每种选择可能带来的利弊得失，并果断选择对我最有利的选项。当我实在拿不准主意时，我寻求他人的建议，这能够帮助我迅速做出正确的决策。

佳佳决定从治疗"穿衣纠结症"开始，思考每一件衣服适用的场合。

避免在情绪不稳定时做决策？

小航开了个玩笑，想把图图从难题中解救出来。

压抑的情绪瞬间爆发，图图决定抢回自己的课本。

小航想给图图道歉,但图图的情绪还没有平复。

愤怒的图图转身离去,留下小航一人在原地。

冷静下来的图图,开始意识到,自己刚刚的决定伤害到了小航。

追根溯源

我容易被情绪左右，甚至在情绪不稳定时做决定，根本原因在于没有及时识别和管理自己的情绪。当我被难题困住时，本身情绪就已经不稳定了，但我却没有意识到这一点。小航的玩笑成了我情绪爆发的导火索，导致我在情绪激动时做出错误的决定，伤害了小航的感情。

由于不能及时识别并管理自己的情绪，生活中，我经常会做出让自己后悔的决策。

冲动消费，浪费金钱。

报复性熬夜，影响健康。

情绪激动时说出让自己后悔的话。

成长桥

只有学会识别并管理自己的情绪，才能避免在情绪激动时做出让人后悔的决策。我决定留意自己的情绪状态，以便在情绪波动时能及时感知。同时，学习一些情绪管理的技巧，比如深呼吸、冥想等，在情绪不稳定时让自己快速平复下来。重要的是，我要在情绪稳定后再进行理性思考，避免在"情绪上头"时随意做决策。

这天，图图在座位上认真解题。直到，一场风波打破了平静……

为什么不能轻易改变决策？

一天，小波和小丽打算打造各自的小花园。

小丽很快就做出了自己的选择，动作熟练而自信。

犹豫许久，小波才决定好种哪种花。

几天后,小丽的种子已经破土发芽,而小波的花园里还没有动静。

等不及的小波决定改变想法,换一个更快成长的花种。

两个月过去了,小丽的花园繁花似锦。而小波的花园却空荡荡的。

小波非常懊悔,他回想起这两个月的经历,开始反思。

追根溯源

  我种花失败的主要原因在于轻易改变了做出的决策。小丽在做出决策后，就坚定不移地执行，最终收获了美丽的花园。而我，缺乏耐心，频繁更改种植计划，不仅浪费了之前的努力，还错过了种植和照料花苗的最佳时机。

  如果我能够有明确的目标和决断、考虑长远，耐心等待并坚持最初的选择，想必我也能收获成果。

  我在平日里也经常"三分钟热度"，不能坚持完成一件事。

因天气原因，取消原定外出计划。

因娱乐诱惑，放弃原定运动计划。

因朋友邀约，放弃原定作业计划。

成长桥

在追求成功与卓越的道路上，着眼长期目标以及保持决策的稳定性是至关重要的。在未来的决策中，我会明确目标，综合考虑各项因素，把握未来发展的趋势。更重要的是，一旦做出决策，我会坚定不移地执行，并充分利用一切有效资源，不会因为短期困难而动摇。

小波信心满满，决定重新开始打造小花园。

这次我一定要坚定自己的选择！

不久后，小波的坚持终于有了回报，花园变得生机勃勃。

果然，坚持就是胜利！

决策失误时,可以选择视而不见吗?

足球比赛即将开始,队长浩然正在和队友们商讨战术。

比赛开始了,浩然带着队员们全力冲锋。

由于后方无人防守,被对手钻了空子,进了一球。

浩然明白防守出了问题，可是他并不想承认自己的决策失误了。

比赛进程中，对手趁机又数次攻破球门，浩然越发焦急起来。

浩然全然不顾队友们的意见，一味进攻，致使整个球队乱成一团。

最终，浩然的队伍输掉了比赛，面对着输球，他感到深深的懊悔和自责。

追根溯源

当我初次察觉防守存在问题时,如果能及时调整战术,或许我们还有机会扭转局势。然而,我却因为害怕承认失误,怀着侥幸的心理,期望那一切都是偶然事件。这种逃避责任的态度不仅无法解决问题,反而让情况变得更加糟糕。

因为对决策失误的逃避,在其他方面,我也会犯同样的错误。

发现问题却不解决,导致作品被毁。

害怕承担责任,浪费时间。

发现问题视而不见,导致同伴受伤。

成长桥

只有勇于为自己的决策负责,才能更好地带领团队走向胜利。未来在做决策时,我会制定备选方案以备不时之需。一旦发现决策失误,就要勇于承担错误,冷静分析局势,及时采取弥补措施来解决问题。事后,我会及时反思,分析导致决策失误的原因,总结经验,以免重蹈覆辙。

学校和社区联合发起了一次环境美化活动,浩然作为小组队长,满怀激情地接受了这个任务。

在浩然带领下,他们小组收拾得又快又干净,获得了学校颁发的小红旗。

第四章 组织力，学会激励和带领他人

如何确保任务分配的合理性？

周五家长会之前，班主任给班长米粒交代了一个新任务。

米粒决定将任务给各组组长分配下去。

追根溯源

在组织大家参与集体活动时，我之所以不能服众，是因为没有合理分配任务。彭彭会根据任务难度、成员的性格、能力与需求进行评估，确定每个人的分工。而我只是随意地下达任务，没有考虑成员的能力，导致任务分配不合理，给成员带来压力，影响了集体的工作效率。

由于考虑不周全，我在分配团队任务时，也经常会导致任务分配不合理。

分配任务时忽略团队成员的性格。

分配任务时忽略团队成员的能力。

分配任务时忽略团队成员的需求。

成长桥

只有学会合理分配任务，才能改变不能服众的情况。我决定尽力了解团队成员的特长、性格和爱好，并在任务分配前积极听取大家的意见，避免"独断专行"。最后结合任务的急迫性和难易程度，进行综合考量，科学安排团队任务，提高团队效率和凝聚力。

米粒认真分析班里每位同学的特长和兴趣，准备为即将到来的元旦晚会制定完美的计划。

小组讨论时,成员都默不作声怎么办?

周五的活动课上,路路带领小组成员展开了一场讨论。

一分钟后,现场的气氛并没有如路路预想的那样热闹起来。

时间一分一秒过去了,成员们依旧沉默不语,路路开始感到焦急。

这时,身后传来隔壁组长乐乐的声音。

听着乐乐小组激烈的讨论,再看看自己小组鸦雀无声的囧状,路路别提有多难过了。

追根溯源

不能快速有效地组织小组成员展开讨论，根本原因在于我不能有效地组织活动流程。乐乐在组织小组讨论时，积极鼓励大家发言，并主动引导发言的方向。而我在成员沉默时，未能及时分析情况并采取有效措施来激发成员的表达欲望，影响了组员之间的凝聚力。

由于缺乏有效组织活动流程的能力，在组织其他活动时，我也难以激发大家的参与度。

活动内容缺乏吸引力。

活动的参与门槛较高。

活动准备不充分，影响参与热情。

成长桥

只有激发大家的兴趣和积极性，才能确保任务有序进行。今后我会不断充实自己的知识，努力改善自己的组织方式，争取在组织活动过程中给予大家积极有效的启发与鼓励。我还要定期与其他组织者进行沟通，交流组织经验，提升自己的组织能力。

小组讨论会上，路路鼓励大家积极发言。

如何动员团队成员一起应对挑战？

在校园足球小组赛上，小峰率领的足球小队正遭遇着巨大的挑战。

巨大的压力之下，队员们的情绪变得焦躁起来。

这时，副队长木木站了出来，平息了二人的争执。

在木木的引导下，队员们不再畏惧，纷纷加入了讨论。

木木的表现获得了队员们的信任与支持。

追根溯源

我不能快速动员大家团结应对挑战，是因为我缺乏团队动员能力。面对挑战时，木木能够冷静引导团队达成共识，并结合队员的意见，迅速拟定突破挑战的方案。我一味地抱怨和批评，导致团队士气越发低迷，队员们也不再信任我，不愿意与我共同应对挑战。

在组织团队任务时，由于缺乏团队动员能力，在鼓励团队共同面对挑战时总会遇到障碍。

没有与队员达成共识。　　　　　　没有听从团队成员的意见。

无法获取团队成员信任。

成长桥

只有提升团队动员能力，才能带领大家在面对挑战时团结一心，共创奇迹。今后，我将努力充实自己的能力，赢得团队成员的信任与支持。在面对挑战时，我会向成员们传递积极信号，激发团队斗志。同时，鼓励成员积极发表意见，达成团队共识。另外，要及时给予反馈，增强团队凝聚力。

龙舟竞赛即将开始，小峰作为队长，给大家做最后的动员。

怎样才能有效解决团队内部的矛盾？

眼看两个人越吵越凶，冲冲决定"快刀斩乱麻"。

眼看两人又要吵起来了，玲玲赶紧转移话题。

玲玲认真权衡了双方的意见，想到了一个两全其美的方案。

玲玲的建议得到了双方的一致认同。

追根溯源

我不能快速解决团队成员之间的矛盾，是因为缺乏调解团队内部冲突的能力。面对团队内部的矛盾，玲玲会冷静地为双方提供沟通渠道，最终提出满足双方要求的方案，很好地解决了矛盾。而我只想依靠自身的权威迅速掩盖矛盾，并没有从根本上解决矛盾点，以至于大家对我感到不满。

由于缺乏调解团队内部冲突的能力，当团队内部出现其他矛盾时，我也难以有效解决。

一味"捂嘴"，没有提供开放的沟通渠道。

偏听偏信，无法公平公正地处理问题。

无法识别矛盾根源，不能了解冲突的深层次原因。

成长桥

只有提升调解团队内部冲突的能力，才能有效地解决团队内部的矛盾。我开始学习沟通技巧和创造性思维，以便更好解决类似事件。当矛盾发生时给予成员开放的沟通渠道，了解冲突根源后，采取中立立场，给出解决方案来化解矛盾。解决冲突后，我还会进行反思。

接力赛即将开始，但冲冲率领的小队却发生了争吵。

第五章　沟通力，学会人际交往与合作

无法清晰地表达自己的观点怎么办？

班委会上，班长遥遥首先发言，总结过去一个月的工作。

五分钟过去了，遥遥还在发言，但是大家明显心不在焉。

关键时刻,副班长小月站了出来。

小月将遥遥的观点,简洁归纳为三个方面,依次向大家说明。

最后,小月准确地向大家传达了接下来的工作目标。

追根溯源

我认识到，自己之所以不能清晰地表达观点，是因为我缺乏清晰地组织观点的能力。小月逻辑清晰，在与大家沟通时，通过梳理、归纳和提炼的方式，将复杂的观点简化总结成有序的内容，并准确地传达了接下来的工作指示。我的发言虽然内容充实，但缺乏逻辑和侧重点，以至于其中的观点难以被大家准确提炼和理解。

由于缺乏组织清晰观点的能力，在其他方面，我也犯过类似的错误。

表达内容繁琐，不简洁。

无法清晰地总结自己的观点。

无法准确地传达指示。

成长桥

只有改掉逻辑不清、表达繁琐、陈述不精准等问题，才能更清晰地表达自己的观点，准确传达指示。我决定学习语言组织及逻辑思维技巧，在发言前，提前梳理好想要表达的内容。另外，还可以借助辅助工具来帮助表达，如图表。最重要的是，我要勤加练习，并根据他人的反馈不断改进。

学校即将举办"智能机械化大赛"，遥遥向小组成员展示自己的设计作品。

怎样更有效地说服他人？

学期过半，班长小冉负责给同学们重新安排座位。

轮到大壮时，大壮对小冉的安排表达了不满。

任是说干了口水，也无法说服大壮，小冉感到特别挫败。

追根溯源

我认识到，自己无法有效说服他人的关键在于缺乏支撑观点的有力论据。林林劝说大壮换座位时，不仅语气温和，还借助小学生近视率的数据说明了换座位的必要性，促使大壮自愿换座。而我，沟通方式过于生硬，并且没有提供充分的理由，自然就不能说服大壮了。

由于缺乏有效的策略，在很多时候，我都无法有效说服他人。

无法明确组织自己的观点。

无法反驳对方的质疑。

无法用论据支撑自己的观点。

成长桥

我决定在尝试说服他人之前，先收集有关数据、事实和案例来支撑自己的观点。在交流时，尝试站在对方的角度思考问题，识别并关注对方的利益，采用更温和的方式沟通，以获得对方的支持。同时，我还要学习批判性思维，通过逻辑和证据来形成自己的判断，不因对方的反驳而慌乱。

活动课上，小冉动员大家提高课外阅读量。

恰到好处的幽默

临近植树节,文艺委员小源正带领同学们做一期与植树节相关的黑板报。

小源与深深爆发了激烈的争执,气氛紧张之时,小莫开口了。

小莫这一番幽默的解释,让紧张的气氛瞬间变得轻松愉悦。

追根溯源

我认识到，自己不能有效化解沟通中的紧张氛围，是因为我缺乏幽默感。当我与深深的沟通陷入僵局时，小莫能够保持冷静，在尊重双方意见的同时，用幽默的语言有效缓解紧张氛围。而我，没有考虑到深深的创作意图，生硬地提出修改意见，让深深不满，之后又因为缺乏幽默感，使争执升级。

由于缺乏恰到好处的幽默感，在生活中，我也总是让沟通变得尴尬。

严肃地打断他人的谈笑，使气氛紧张。　　不能以乐观的心态看待他人的安慰。

在他人焦虑时开不合时宜的玩笑。

成长桥

我决定要培养幽默感，让自己的话语更有吸引力和亲和力。我准备通过观察身边幽默的人或是观看喜剧节目来学习幽默技巧。在日常交流中，我会尝试加入轻松幽默的语句，练习用幽默让氛围更轻松。另外，我要在适当的时机运用幽默，避免适得其反。

足球比赛即将拉开帷幕，队长小源给大家加油打气。

沟通不是"单箭头"

秋季运动会即将到来,炎炎班上的报名情况却不容乐观。

情急之下,班长炎炎召集班委会成员开了个紧急会议。

副班长关关对炎炎的决定不太赞同,提出了自己的意见。

大虎拒绝了炎炎的安排，两人之间的矛盾瞬间激化。

见局面陷入僵局，关关赶忙站出来协调。

在关关的鼓励下，不少同学都发表了自己的意见，现场氛围逐渐缓和下来。

经过一番讨论，最终大家达成一致意见，找到了妥善的解决方案。

追根溯源

我认识到,我未能妥善处理这次事件的关键在于我没有做到"双向沟通"。当短跑项目没人报名时,关关能够尊重大虎的个人意愿,并积极鼓励大家共同参与讨论,最终成功找到合适的解决方案。而我,独断专行,在与大虎沟通时更是态度强硬,致使矛盾升级。

由于缺乏"双向沟通"的意识,在其他时候,我也总是"独断专行"。

态度强硬,破坏了沟通双方的平等地位。

缺乏团队合作意识,降低了团队成员的积极性。

未征求家人意见,缺乏家庭责任感。

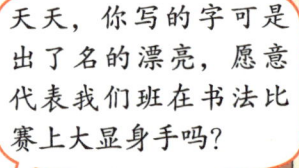

只有积极倾听团队成员意见,才能在团队活动中轻松高效地与他人沟通。我决定先改变自己独断的心态,培养"双向沟通"的思维方式,用平等的态度和分享的口吻与团队成员沟通。另外,我将进行自我监督,并建立开放的反馈机制,鼓励大家提出改进意见,提升团队成员的参与感。

学校即将举办书法比赛,炎炎打算找班里的几位同学沟通参赛事宜。

第六章　执行力，学会设定目标并坚决执行

机遇不会"从天而降"

科学发明竞赛是学校一年一度的重要比赛，获奖的同学将有机会代表学校参加市级的比赛。

犹豫不决的章章和好朋友们展开了激烈的讨论。

讨论结束后，章章心中仍然没有清晰的思路。

颖颖知道这是一场颇具挑战性的比赛。她决定先查阅相关资料,为自己的科学发明构建清晰的框架。

不久,颖颖就带着自己准备好的作品方案请科学老师指导。

比赛进入正式筹备阶段,章章看着比赛说明,逐渐烦躁。

颖颖凭借努力,在比赛中大放异彩。

追根溯源

我认识到，正是自己的踟蹰不前和准备不足，才导致我错失了代表学校参加市级比赛的机会。面对机会难得的科学发明竞赛，颖颖在一开始就表明了坚定的决心，并迅速采取了一系列积极的行动。而我，虽然对比赛充满渴望，但又害怕困难，同伴的消极态度更是让我退缩，最终只能与机遇失之交臂，懊悔不已。

由于缺乏前瞻性和主动的执行力，我在生活中也常常错失各种机遇。

对能力不自信，错失接待外国友人的机遇。

由于紧张害羞，错失交新朋友的机遇。

因为准备不充分，错失当选班长的机遇。

成长桥

只有学会识别机遇，并主动采取行动，才不会让机遇从手中溜走。我将培养敏锐的洞察力，保持积极的心态，捕捉每一次机遇。其次，我会积极获取各种渠道的信息，收集资料，做好充分准备。最后，我会不断学习，提升自己的各项技能，并总结以往经验，以便在未来更好地迎接机遇。

暑假期间，章章正在为秋季的公益环保作文大赛做准备。

为什么在行动前需要制定目标?

新学期开始,班会课上老师让大家写下自己对新学期的期望。

阿鸢和同桌兰兰各自写下对新学期的美好愿望。

阿鸢非常努力，一会儿钻研数学，一会儿阅读语文……每天都学习到很晚。

兰兰为自己制定了清晰的学习计划，并且每天都按时完成。

时光如梭，眨眼间就迎来了期末。教室里，老师正在为大家分发试卷。

我这么努力，一定可以获得好成绩的！

为什么我那么努力，还退步了呢？

兰兰获得了班级第一，远超她期望的班级前五；而阿鸢不仅没有按照预期取得好成绩，甚至还退步了。

追根溯源

我意识到我的成绩之所以不升反降，是因为我缺乏清晰的目标和计划。兰兰在新学期开始就定下了"期末进班级前五"的目标，并据此制定了详细的长期计划。而我，只是希望期末考个好成绩，缺乏明确的目标，致使我的努力缺乏方向。虽然我很努力，但是没有合理规划各科的学习时间，像一只无头苍蝇一样盲目乱撞。

很多时候，由于缺乏明确的目标，导致我的效率低下，最终的结果自然不尽人意。

缺乏创作方向，导致画面混乱。

对自己的需求缺乏认知，导致浪费时间。

未能把握重点，导致活动失败。

成长桥

在行动前制定目标是确保成功和提高效率的关键。因此，我开始认真分析自己的学习情况，为期末设定具体、可衡量、可实现的目标，并将长期目标分解为多个短期目标，再制定相应的学习计划，确保各科的学习均衡。其次，合理安排娱乐和学习的时间，以提高学习效率。

寒假期间，阿鸢经过认真思考，为新学期制定了明确的目标和详细的计划。

阿鸢决定这回不再死读书了，而是劳逸结合，全面发展！

检验我这学期学习成果的时候到啦，希望我能达成目标！

最终，阿鸢在期末考试中获得了班级第四名的好成绩。

为什么无法控制完成任务的时间?

大扫除开始了,卫生委员柯柯正在给大家细致地分配任务。

看到自己辛苦打扫的地面被叶子擦黑板时掉落的灰尘再次弄脏,阿展的情绪瞬间爆发。

柯柯路过隔壁教室，看到他们正有条不紊地进行着打扫工作。

马上就要检查卫生了，可是还没有打扫干净，柯柯不由得焦急起来。

老师前来检查卫生，可是柯柯班里的卫生还是一团糟。

追根溯源

我无法控制任务完成的时间，归根结底在于我对各项任务的执行顺序不明确。在这次大扫除中，我只是简单地分配了任务，没有考虑到各项任务之间的优先级和相关注意事项，导致整个打扫过程混乱不堪，甚至相互干扰，最终未能按时完成打扫任务。

由于不能合理安排任务的执行顺序，在其他时候，我也会无法按时按质地完成任务。

由于缺乏合理的计划，导致作业没有按时完成。

未按照正常流程操作，导致成果不理想。

无法区分事情的轻重缓急，占用了复习时间。

成长桥

在安排团队任务时，不仅需要合理分配任务，还要确认各项任务的执行顺序。今后我制定计划时，会先将整体任务拆分成一个个小任务，并仔细考虑它们之间的冲突和依赖关系，合理安排执行顺序，明确所需时间。另外，我会在计划中预留弹性时间，以应对可能的临时变动。

又到了大扫除时间，柯柯决定这次一定要把任务安排得妥妥当当。

大家有条不紊地清洁着，不一会儿教室就变干净啦！

柯柯的班级打扫得又快又干净，成功获得了流动红旗。

怎样保持高效?

"未来之家"创意模型比赛将于2个月后正式启动。

竹竹和小伙伴们畅想着最终模型的样子,却没有人提出要制订行之有效的计划。

颜颜小组的模型构筑思路已经确定,在着手制作之前,颜颜提议共同拟定一个详尽的工作计划。

期中考试即将到来，校园里的一切似乎都变得忙碌起来了。

期中考试期间，颜颜小组也没有忘记模型制作的计划。

期中考试结束了，只剩下3个星期就要交付模型了。

距离截止日期只剩一周时间了，颜颜小组已经顺利完成了模型制作，而竹竹小组的进展似乎不太顺利。

追根溯源

我认识到我们小组效率低下的根本原因在于缺乏科学合理的计划,无法持续推进工作。颜颜小组通过精细的计划,每天都有明显的进度推进,使得小组始终保持高效的执行力。而我们小组,由于计划中缺乏对进度的把控,以致后续工作进展缓慢甚至停滞,最终损害了小组工作的积极性,降低了工作效率。

由于缺乏支持持续进展的计划,在生活中,我也有类似的困扰。

缺乏持续的复习计划,考试成果不理想。

缺乏持续的阅读计划,难以养成好的阅读习惯。

缺乏持续的练习计划,兴趣发展不顺。

成长桥

只有学会制订科学有效的计划，才能提高工作效率。首先，需要对任务进行全面分析，制定可持续推进的计划。其次，要加强进度把控，定期检查工作进度并灵活调整，以确保进度持续推进。最后，建立激励机制，对按时完成任务的成员给予奖励，提升成员工作的积极性。

一日之计在于晨，竹竹计划利用早上的时间背诵古诗或者英语单词，为美好的一天打下基础。

第七章 包容力,学会接纳不同的声音

总觉得自己不够优秀

昨天数学小测验的压轴题,只有云云一个人做对了。

今天这节体育课的主题是练习一分钟跳绳。显然,云云已经达到了优秀的水平。

今天美术课的主题是画苹果,云云画的苹果栩栩如生。

萧萧和云云都报名参加了户外夏令营，并且她俩分在了同一个小队中。

学游泳是夏令营的主要项目之一。可是云云有些怕水，迟迟不肯下水。

篝火晚会是夏令营的最后一个活动，但云云似乎还没有交到新朋友。

在夏令营期间，萧萧和云云成为了好朋友。萧萧认识到了和学校中不一样的云云。

追根溯源

我之前过于追求完美,总是羡慕他人的长处而忽略了自身的优点,不能包容自己的短板、总觉得自己不够优秀。在和云云的相处中,我发现即使像云云这样优秀的人,也有着怕虫、怕水、不善社交等不足之处,但这并不妨碍云云是一名优秀的学生。

由于过于追求完美,在生活中,我也常常抱怨自己不够优秀。

抱怨自身外貌的不足。

抱怨自己不能得到所有人的喜欢。

抱怨自己不会整理房间。

成长桥

只有学会接纳自身的不完美，才会对世界更加包容。我开始学会保持乐观的心态，相信凡事都有积极的一面。同时，我会庆祝自己的每一次进步与成长，无论进步大小，都要学会称赞和奖励自己。最后，我会勇于尝试新事物，每一次尝试都是发现自我的机会。

我为什么会产生偏见？

趣味运动会即将到来，大家都在为下周的班级选拔赛做准备。

小虎和小蝶因训练方式产生了不合。

小虎其实打心眼里看不上女生。

小虎和小蝶的争吵愈演愈烈。

小虎和小蝶分道扬镳，准备去寻找新的队友。

小蝶找到了新队友小豹，小豹非常认同小蝶的观点。

最后，小蝶和小豹成功取得了参赛资格。

追根溯源

通过查阅资料和询问体育老师，我才了解到小蝶提出的方法是非常科学而合理的，也意识到我对女孩子有着强烈的偏见。这种偏见让我无法保持理智，以致于未能虚心听取她的意见。更加严重的是，这种偏见让我丧失了一颗理解、尊重他人的心。

在学习和生活中，因为各种各样的偏见，我总是不能认真听取他人的合理观点与他人友好相处。

误解妈妈总是让我做我不喜欢的事情。

认为女孩子就应该留长发。

看不起成绩不好的同学。

成长桥

在学习和生活中，我总是会产生各种各样的偏见。这些偏见是我与他人建立良好关系的阻碍。为了消除这些偏见，我需要做到如下几点：首先，认清自己的偏见，学会保持开放的心态，学会理解并接纳他人合理的观点。其次，尊重他人的不同，认识到世界的多样性，学会包容和求同存异。

我总会不自觉地指责他人的过失

公园美化活动即将开始,连连如愿地当上了小组组长。

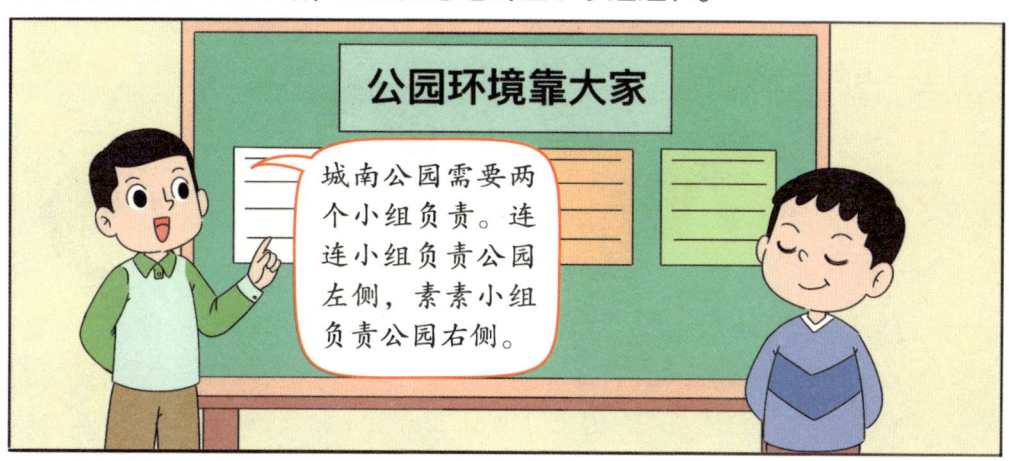

活动一开始,连连就快忙不过来了!他不仅要完成自己的任务,还得随时"指导"其他队员的工作。

连连毫不留情地指出了不少同学的过失。

随着连连指责的声音越来越多,组内的氛围逐渐变得沉重,组员们工作的积极性受到了极大打击。

素素小组负责公园的另一侧。

为了捡花坛深处的垃圾,纤纤不小心踩到了小花。

素素小组提前完成了任务,在老师的协调下,前来帮助落后的连连小组。

追根溯源

我意识到，在领导团队时，团队效率低下且未能达到预期目标，是因为我经常过分苛责他人的过失。素素在面对他人犯错时，能够用委婉且包容的方式，帮助并引导他们解决问题。而我，只会一味地指责，导致队员们产生了消极和抵触的情绪，致使团队的积极性下降。

由于缺乏包容他人过失的心态，在生活中，我也会不自觉地过分指责他人的小过错。

指责同桌连累自己。

指责队友能力不足。

指责朋友的无心之过。

成长桥

要改变过度指责他人的问题，首先要学会包容他人的过失，站在对方的角度，用更委婉的方式与其沟通。其次，反思自己的言行，努力在团队中营造积极的氛围，用建设性的建议替代指责。最后，鼓励团队成员相互协作，增强团队凝聚力，用包容和理解的态度带领团队前进。

班级统一购买的练习册到了，连连把分发任务安排给了每组的小组长。

我总是不能坚持己见

兴趣小组大比拼即将开始,老师又强调了一下展示的注意事项。

"星空探索者"小队展开了激烈的讨论,每位"探索者"都给出了建设性的想法。

经过一番讨论,安安主动做出了让步,将大家的想法都放进了展示稿中。

"织梦花园"小队的成员们也提出了许多有趣的想法。

薇薇和组员再次商讨后,将所有想法整合成了三大类别。

活动正式开始。"星空探索者"小队的成果展示好像不太顺利。

"织梦花园"小队的展示圆满成功。教室内响起了热烈的掌声。

追根溯源

我认识到，这次展示活动未能圆满完成，主要是因为我过于顾及其他成员的意见，没能坚定自己的立场。活动结束后，我向薇薇请教，她理解了我的想法，并且分享了她做取舍的过程。我这才意识到，在领导团队时，我丢失了原则和底线。原来，包容并不意味着无条件地接受所有观点，而是要围绕团队目标做出必要的选择和调整。

在生活中，我放弃原则而轻易做出让步的行为也比比皆是。

为融入团体，选择让步。

为避免冲突，选择让步。

为维护关系，选择让步。

成长桥

在学习和生活中,只有坚守自己正确的原则和底线,做到选择性的包容,才能做出有益的抉择,提高生活和团体活动的效率。首先,我要学会确立符合团队的基本原则。当团队内部出现不同的声音时,保持冷静并坚持正确的立场。最后,要果断地向不符合原则和团队目标的妥协说"不"。

说服小组成员后,安安和组员开始着手调整展示稿。

安安把握住这来之不易的机会,完成了一次近乎完美的展示。